SUR

DES CYROGRAPHES

CONSERVÉS AUX ARCHIVES DE LA MEURTHE.

Les personnes qui se sont occupées tant soit peu de paléographie ou celles qui ont eu la curiosité d'examiner d'anciens titres, savent parfaitement ce que l'on entend par *cyrographes* ou *chirographes*. Comme il peut se faire que d'autres l'ignorent, je donnerai à ce sujet quelques explications[1], et ne puis mieux faire que de les emprunter à l'ouvrage de M. Nathalis de Wailly, intitulé : *Eléments de paléographie.* « Il était d'usage autrefois comme aujourd'hui, dit le savant écrivain, de dresser,

1. Afin de rendre ces explications plus sensibles, j'y joins le fac-simile des cyrographes mentionnés sous les n°s 12 et 26 ; ce sont, avec ceux qui portent les n°s 13 et 25, les plus petits que nous ayons. Les autres varient de grandeur.

dans un contrat synallagmatique, autant d'actes semblables qu'il y avait de parties contractantes.: ces chartes se nommaient *chartæ pariclæ, paricolæ, pariculæ.* Bientôt, par surcroît de précaution, on traça au milieu d'une feuille des caractères ou des mots qu'on peut comparer aux souches des passe-ports ou des inscriptions de rente, et qui étaient ensuite coupés en ligne droite, ondulée ou dentelée. De là les chartes dites *partitæ, undulatæ* et *indentatæ.* C'est en général le mot *cyrographum* qu'on trouve inscrit sur la souche des plus anciennes *chartes-parties :* il était quelquefois suivi de traits irréguliers qui achevaient de remplir la ligne, des adjectifs *memoriale* ou *commune,* du nom des parties contractantes, ou de quelques mots qui spécifiaient la nature de l'acte. On s'est servi également de quelques lettres de l'alphabet, surtout au xive siècle. Enfin, on traçait aussi sur la ligne de la souche, soit des images, soit des formules de dévotion, telles que *in nomine Domini, ave Maria,* etc., ou les mots *charta cyrographata* ou *indentata,* etc. La souche se trouve placée le plus souvent dans le haut ou sur le côté de la charte ; quand elle était au bas de l'acte, on plaçait quelquefois le sceau dans le haut de la pièce. Souvent on employait à la fois ces différents modes de division pour obtenir un nombre suffisant d'exemplaires. Les inscriptions étaient en général tracées horizontalement ; d'autres fois elles étaient perpendiculaires. On en voit qui sont écrites en encre de couleur ; mais ce qui les distingue surtout, c'est la grandeur des traits ou des ornemènts qui les accompagnent. Il est plus facile de se figurer que de décrire les différentes combinaisons qui peuvent varier l'aspect des chartes-parties... »

Les variétés qu'elles présentent doivent tenir beaucoup aux usages adoptés dans les divers pays : ainsi, parmi les vingt-sept chartes-parties que m'ont fournies les fonds de nos abbayes, il n'y en a point de dentelées ou ondulées ; je n'ai pas rencontré le mot *cyrographum* suivi de traits irréguliers destinés à remplir la ligne, ni des adjectifs *memoriale* ou *commune,* ni du nom des parties contractantes ; enfin, aucun de nos cyrographes n'a de souche formée à l'aide de lettres de l'alphabet.

Les chartes-parties que j'ai trouvées[1] forment quatre catégories, savoir :

1° Celles où le mot *cyrographum* est suivi de mots spécifiant la nature de l'acte ;

2° Celles dont la souche porte des formules de dévotion[2] ;

3° Celles dont la souche contient des formules différentes de celles que je viens d'indiquer ;

4° Enfin, celles où il n'y a que le mot *cyrographum.*

Première catégorie.

Les deux pièces suivantes appartiennent à la première catégorie :

N° 1. — 1208. Accord entre Warnier, abbé de Hugon

1. C'est par erreur que, dans mon travail intitulé : *l'Abbaye de Bouxières,* publié en 1859, j'ai indiqué (p. 115) comme étant une charte-partie un diplôme de l'an 932 ; c'est simplement une pièce qui a été rognée par le bas.

2. Je n'en ai point rencontré où il y ait des images de dévotion.

court[1], et Henri, abbé de Haute-Seille[2], touchant la dîme de la paroisse de Varcoville[3].

Inscription dans la souche (en haut) : CYROGRAPHUM PACIS. Les syllabes sont séparées par des pointillés.

Formule finale : « Et ne qua sorte pravorum maligni- » tas hominum aliquid mali in posterum cavilietur, pre- » sens cyrographum sigillis nostris et veracium assertione » hominum confirmamus. »

(Fonds de l'abbaye de Haute-Seille, H. 559.)

N° 2. — 1214. Accord entre l'abbaye de Salival[4] et celle de Beaupré[5] touchant un moulin situé sur la Seille, appelé Bayarth[6].

Inscription dans la souche (sur le côté) : CYROGRA-PHVM DE MOLENDINO, plus quelques lettres effacées, devenues illisibles.

1. Honcourt (*Hugonis curia*, *Hugshoven*), commune de Saint-Martin, canton de Villé (Bas-Rhin). Cette abbaye avait été fondée, en l'an 1000, par le comte Wernher d'Oltemberg, sous le vocable de saint Michel. En 1543, elle s'unit à la congrégation de Bursfeld. En 1616, comme elle n'avait plus de religieux, l'archiduc d'Autriche, évêque de Strasbourg, la donna à l'abbaye d'Andlau, du consentement du Saint-Siége. — Dom Calmet a donné (*Histoire de Lorraine*, 1re éd., t. 1, pr., col. 386) une traduction du diplôme de l'empereur Frédéric (an 1000) confirmant la fondation de l'abbaye de Honcourt (*Hugeshoffen*).

2. Hameau, commune de Cirey (Meurthe) ; abbaye de l'ordre de Cîteaux, fondée au XIIᵉ siècle.

3. Village détruit, sur l'emplacement duquel a été construite la ferme de la Neuve-Grange, commune de Bertrambois (Meurthe).

4. Ancien canton de Château-Salins (Meurthe). L'abbaye de Salival, ordre de Prémontré, avait été fondée au XIIᵉ siècle.

5. Aujourd'hui ferme, commune de Moncel-lès-Lunéville (Meurthe) ; abbaye de l'ordre de Cîteaux, fondée au XIIᵉ siècle.

6. Ce moulin, qui n'existe plus, devait être situé entre les communes de Bey et de Bioncourt (Meurthe).

Formule finale : « Et ut hec in futurum rata perma-
» neant, factum est inde cyrographum, cujus una pars,
» sigillis abbatum Morimundi[1] et Belliprati sigillata, in
» Salinavalle, altera erit in Belloprato, sigillata sigillis
» abbatum Justimontis[2] et Salinevallis. »

On possède les deux parties de ce cyrographe.

(Fonds des abbayes de Beaupré et de Salival, H. 375 et 1206.)

—

L'inscription qui forme la souche de la pièce suivante
est moins précise que celle des chartes qui précèdent ;
je crois néanmoins devoir ranger aussi cette pièce dans
la première catégorie :

N° 5. — 1178. Confirmation par Simon II, duc de
Lorraine, de donations de droits de pàture, faites par un
de ses hommes-liges, Ulrich de Tilleux[3], à l'abbaye de
Beaupré, sous certaines clauses rappelées dans la charte
du prince.

Les mots PACEM HABETE INTER VOS, inscrits
dans la souche (sur le côté), ne doivent pas être consi-
dérés comme une formule de dévotion, mais comme une
invitation ou une injonction adressée par le duc aux parties contractantes de tenir leurs engagements réciproques
et de demeurer en paix à l'avenir.

Formule finale : « Ego autem, quoniam hec a meo
» dominio feodali jure descendunt et de manu mea

1. Morimont, abbaye de l'ordre de Cîteaux, fondée en 1114. Une
partie des bâtiments subsiste encore, à peu de distance du village de
Romain-aux-Bois, canton de Lamarche (Vosges), mais sur le territoire de la Haute-Marne. L'église, dit Durival (*Description de la
Lorraine*) était sur la Champagne et partie du réfectoire en Barrois.

2. Justemont, ferme, commune de Vitry (Moselle) ; abbaye de
l'ordre de Prémontré, fondée en 1124.

3. Tilleux, canton de Neufchâteau (Vosges).

» tenentur, iccirco donationes has laudo et presens cyro-
» graphum sigilli mei impressione confirmo, cujus me-
» dietas in Flabonismonte, altera quoque in Belloprato
» conservabitur in testimonium. »

(Fonds de l'abbaye de Beaupré, H. 327.)

—

Seconde catégorie.

Les formules de dévotion indiquées par M. de Wailly (*in nomine Domine, avec Maria*[1]) ne se trouvent sur aucun de nos cyrographes, dont les quatre suivants appartiennent à la seconde catégorie :

N° 4. — 1175. Donation, en forme d'accord, à l'abbaye de Beaupré, par Hazea, abbesse d'Epinal[2], et toutes les sœurs de son chapitre, de l'alleu qu'elles possédaient dans la paroisse de Mantoncourt[3], appelé la terre de Saint-Goëric.

Inscription dans la souche (sur le côté) : SANCTVS GOERICVS EPISCOPVS. Saint Goërie, évêque de Metz, était le patron de l'abbaye d'Epinal.

« Formule finale : « Hec ita gesta ne quinam pos-
» terorum possint oblivione deleri, cyrographum fieri

1. M. de Wailly ajoute *sanctus Dyonisius,* qui est une formule toute locale, si l'on peut s'exprimer ainsi. La pièce ci-dessus (n° 4) contient une formule de ce genre ; c'est pourquoi j'ai cru devoir la ranger dans la seconde catégorie.

2. L'abbaye d'Epinal, de l'ordre de Saint-Benoit, avait été fondée vers la fin du xe siècle ; elle se sécularisa dans la suite et devint, comme celles de Remiremont, de Bouxières et de Poussay, un chapitre de dames nobles.

3. Village détruit, près d'Ommerey (Meurthe). Sa destruction remonte à une époque fort éloignée, puisque la charte où elle est mentionnée porte : « Cum vero, crescente malicia, predicta possessio
» *penitus esset in solitudinem redacta, et cum parrochianis*
» *parrochia pariter defecisset...* »

» decreviinus, sigillo nostro signantes partem, que in
» Belloprato conservabitur, partem vero nostram, nichi-
» lominus abbatis sigillatam, tenemus in testimonium,
» ut per hoc mutue dilectionis et societatis compositio
» rata teneatur utrimque amodo usque in sempiternum. »
(Fonds de l'abbaye de Beaupré, II. 332.)

N° 5. — 1178. Accord, en forme de confraternité,
entre Thierry, élu évêque de Metz, prévôt de Saint-Dié[1],
et son chapitre, d'une part, et l'abbaye de Beaupré,
d'autre, touchant le fief de Clézentaine[2], et les dimes
d'Haillainville[3].

Inscription dans la souche (sur le côté) : DEVS PACIS
ET DILECTIONIS MANEAT SEMPER VOBISCVM.
AMEN.

Formule finale : « Ut igitur ista pacis et caritatis con-
» federatio rata teneatur et inviolata per evum, presens
» cyrographum fieri decrevimus inter nos, quod, factum
» sigillis utriusque capituli, confirmamus in nomine
» Domini, in testimonium, quatinus si denuo ceperit
» oboriri rediviva contentio, tante confirmationis aucto-
» ritas totam controversiam deleat et faciat pacem, que
» firma prorsus et indissolubilis perseveret per omnes
» generationes seculi seculorum. Amen. Amen. »
(Fonds de l'abbaye de Beaupré, II. 332.)

N° 7. — 1181. Charte par laquelle Warin, chevalier
de Réchicourt[4], fait savoir qu'il a donné à l'église de

1. Saint-Dié, chef-lieu d'arrondissement (Vosges).

2. Canton de Rambervillers (Vosges).

3. Canton de Châtel-sur-Moselle (Vosges).

4. Réchicourt-le-Château, ancien chef-lieu de canton du départe-
ment de la Meurthe.

Haute-Seille tout ce qu'il avait par droit héréditaire depuis le ruisseau qui coule de Sainte-Fontaine jusqu'à l'eau qui est dite *Cernuns*[1], et jusqu'au lieu vulgairement appelé Longeau, excepté seulement deux denrées de prés.

Inscription dans la souche (sur le côté), en lettres rouges, bleues et noires alternativement, la plupart séparées par des points de mêmes couleurs, et précédées de trois points (bleus, rouges et noirs) disposés perpendiculairement : P.A.X. H.O.M.I.N.I.B.(vs). BONE VOLVNTATIS. Le manque d'espace a forcé à serrer les deux derniers mots, qui n'en font qu'un.

Il est question du cyrographe dans la formule initiale et dans la formule finale de l'acte.

Formule initiale : « Quoniam diebus istis omne bene
» provideque gesta plerumque perturbat inconstantia
» plurimorum, plerisque diffitentibus utique que fece-
» runt, idéo necesse est magis ac magis in hujusmodi
» cautiores, eapropter ego Warinus, miles de Richicort,
» ratum volens esse quod feci, presenti cyrographo no-
» tum facio presentibus et futuris... »

Formule finale : « Ne qua igitur querele occasio super
» negotii hujus certitudine indubitabili posteris relinqua-
» tur, presentis scripti partem meam cyrographi, tes-
» tiumque legitimorum subscriptione et impressione
» sigilli abbatis Alte Silve munitam, per manum Theo-
» derici, pastoris mei, mitto et committo servandam
» apud Bellum Pratum, suam sibi prefata ecclesia in tes-
» timonium reservante, sigillo abbatis Belli Prati si-
» gnatam. »

(Fonds de l'abbaye de Haute-Seille, H. 610.)

<hr>

1. Le Sanon, rivière.

J'ai cru pouvoir ranger dans la seconde catégorie la pièce ci-après :

N° 7. — 1217. Accord entre l'abbaye de Haute—Seille et celle de Salival touchant un bois appelé Jammeroi, situé devant la porte de Ménil[1], et un autre nommé Longeau, près de la cour (*curia*) de Xirxange[2].

Inscription dans la souche (en haut) : DOMINI EST TERRA.

Formule finale : Ad hujus itaque rei maiorem eviden-
» tiam et pacis confirmationem, cirographum fieri de-
» cretum est, cujus partem, sigillo abbatis Salinevallis
» signatam, in ecclesie Alte Silve servari, partem vero
» sigillo abbatis Alte Silve roboratam, apud Salinam-
» vallem custodiri necesse erit. »

(Fonds de l'abbaye de Haute-Seille, H. 598.)

Troisième catégorie.

N° 8. — La pièce suivante est une des plus curieuses de celles que nous possédons, par la manière dont l'inscription de la souche est disposée, et elle présente, au premier abord, une énigme qui semble indéchiffrable[3]. Les mots qui la composent sont formés de lettres, alternativement rouges et noires, enchevêtrées les unes dans

1. Localité inconnue.

2. Xirxange (la Haute et la Basse-), fermes, commune de Maizières-lès-Vic, ancien canton de Vic (Meurthe).

3. Je n'ai pas eu le talent de la deviner ; le mérite en revient à M. Léopold Delisle, membre de l'Institut, à qui j'avais adressé un fac-simile de cette inscription.

C'est ici le lieu de dire que j'ai été aidé dans la lecture de quelques-unes des autres inscriptions par mon confrère à la Société d'Archéologie lorraine M. Cauwès, ancien élève de l'Ecole des Chartes, professeur à la Faculté de droit de Nancy.

les autres ; pour les lire, il faut suivre celles qui ont la même couleur.

Voici cette inscription[1] (sur le côté) : A ʙ U ᴇ G ɴ U ᴇ S ᴅ T ɪ ʟc N ᴛ U ᴜ S : s : K ᴀ ʀ ᴛ A ᴍ C ᴏ N ꜰ I ʀ M ᴀ N ᴛ :

La pièce est une charte de l'an 1174 par laquelle les abbés de Morimont, de Mureau[2], de Vaux—en—Ornois[5] et de Sainte-Croix[4] règlent une contestation soulevée entre les religieux de Flabémont[3] et ceux de Beaupré au sujet d'usurpations commises par les uns et les autres sur les terres des deux abbayes..

Formule finale : « Et ut ista compositio rata teneatur,
» cyrographum fieri decrevimus, cujus partes, sigillis
» nostris premunite, in eisdem ecclesiis conserventur in
» testimonium, ut si quando ceperit oboriri rediviva
» contentio, presentis cyrographi cunjunctio totam con-
» troversiam deleat reddatque sopitam, sed et patrum
» utriusque ordinis confirmatio, Augustini scilicet et
» Benedicti, in eodem conscripta, faciat pacem que,
» tanta auctoritate roborata, firmiter teneatur amodo
» usque in sempiternum... »

(Fonds de l'abbaye de Beaupré, H. 332.)

1. J'indique les lettres rouges par des majuscules, et les lettres noires par des petites majuscules.

2. Hameau, commune de Pargny-sous-Mureau, canton de Neuf-château (Vosges) ; abbaye de l'ordre de Prémontré, fondée en 1157.

3. Ferme, commune de Demange-aux-Eaux, canton de Gondre-court (Meuse) ; abbaye de l'ordre de Citeaux, fondée en 1132.

4. C'est probablement l'abbaye de Sainte-Croix ou Saint-Eloy, de l'ordre de Prémontré, à quelque distance de Metz, fondée vers le milieu du XIIᵉ siècle.

5. Hameau, commune de Tignécourt, canton de Lamarche (Vosges) ; abbaye de l'ordre de Prémontré, fondée en 1140.

Ego Burcardus di gra Senonii dict[us] abbas
nostra facio p[re]sentib; et futuris que ...
tur inter me et omn[es] ymbrarium autem

Notum sit omnibus quod controversia que vertebatur inter ecclesiam Saline
Vallis et templarios Vici taliter ad pacem reducta est quod ecclesia Sali
ne Vallis solvet eisdem censum duorum solidorum medio maio, videlicet

Autog. L. Christophe, Nancy.

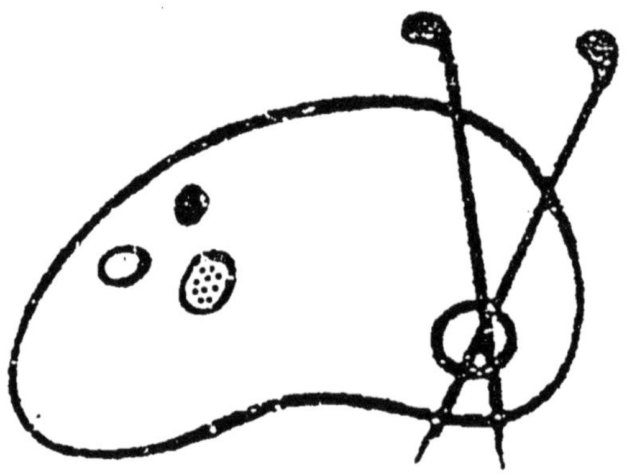

Fin d'une série de documents
en couleur

N° 9. — 1189. Charte de Conon, abbé de Salival, relative à une difficulté qu'un nommé Boëmond, chevalier de Vic, avait avec les religieux de Beaupré touchant le droit de passage sur les ponts de Boncourt[1] et de Bezange-la-Grande[2].

Inscription dans la souche (sur le côté) : CYROGRAPHVM MANV SCRIPTVM.

On a les deux parties de ce cyrographe[3].

Formule finale : « Ita in plena ecclesia sollemniter hac
» donatione recognita et confirmata, idem Boemundus,
» sicut dispositum fuerat in Belloprato, cyrographum
» inde fieri rogavit, cujus ea pars que in Belloprato ser-
» vanda erat, sigillo nostro premuniretur, et illa pars
» que in Salinavalle conservaretur, sigillo abbatis Belli-
» prati esset signata, quod nos, gratanter annuentes,
» decrevimus ita fieri. »

(Fonds de l'abbaye de Beaupré, H. 333.)

Quatrième catégorie.

Les chartes-parties dont la souche ne porte que le mot *cyroyraphum* sont les plus nombreuses, en même temps que les moins intéressantes. Toutefois, comme ces monuments paléographiques ne sont pas très-communs, et comme ceux qui se trouvent dans nos Archives ont rapport à l'histoire de notre pays, je crois devoir les indiquer tous en suivant, autant que possible, l'ordre chronologique, et en signalant les différences qu'ils présentent.

1. Village détruit entre Arracourt, Bezange-la-Grande, Vic et Athienville.

2. Ancien canton de Vic (Meurthe).

3. Sous la même cote.

N° 10. — 1155. Accord entre l'abbaye de Saint-Remy de Lunéville et celle de Haute-Seille touchant certains héritages. . . .

Inscription dans le haut de la pièce.

Formule finale : « Tot itaque taliumque testimoniorum » cyrographo confirmantes, parte ejus altera sigillo nos- » tro signata et consignata, apud Altam Silvam, alteram » nostro sigillo munitam aput nos reservamus. »

On n'a qu'une copie, en forme de fac-simile, de ce cyrographe.

(Fonds de l'abbaye de Haute-Seille, H. 614.)

—

N° 11. — 1126-1156[1]. Accord entre Richard, abbé de Sainte-Marie-au-Bois[2] (1126-1156), et Judith, abbesse de Saint-Pierre-aux-Nonnains de Metz, touchant les dimes de Tautecourt[3], adjacent à la paroisse de Prény.

L'inscription CIROGRAPHVM sur le côté.

Formule finale : « ... Quod ne liceat successoribus » comoditatem vel incomoditatem considerantibus retro- » grada oblitcratione evacuare, statuimus fieri cirogra- » phum incisum, sigillorum impressione signatum, ut » firmum ac inconcussum maneat ac futuris quo comodo » actum sit innotescat. »

(Fonds des Prémontrés de Pont-à-Mousson, H. 1147.)

—

N° 12. — 1145-1160. Charte par laquelle Humbert,

1. Cette charte émane évidemment de l'abbé Richard Ier, puis-qu'elle fut confirmée par Henri de Lorraine, évèque de Toul de 1127 à 1167.

2. Ferme, commune de Vilcey-sur-Trey (Meurthe) ; abbaye de l'ordre de Prémontré, fondée vers le milieu du xiie siècle, transférée à Pont-à-Mousson au commencement du xviie.

3. Ferme, commune de Prény (Meurthe).

abbé de Senones[1] (1145-1160), cède aux religieux de Haute-Seille tout ce que son monastère possédait dans le territoire de leur grange d'Hermaménil[2], sous un cens de 12 deniers à payer chaque année, le jour de la Saint-Jacques, à l'église de Xures[3].

Inscription dans le haut : CIROGRA.

Pas de formule finale. — C'est une des chartes dont je donne le fac-simile.

(Fonds de l'abbaye de Haute-Seille, H. 605.)

N° 13. — 1152. Charte par laquelle « Oldoynus de Folmerroche » et Albreïa, sa femme, donnent à l'abbaye de Beaupré par tout le ban de leur avocatie, à Mortagne[4], le pâturage, la pêche, l'usage dans leurs bois, etc.; cèdent, en outre, tout le fief de Doncourt[5] et le don que Conon de Moriviller avait fait à la même abbaye à Relécourt[6].

Inscription sur le côté.

Pas de formule relative au cyrographe.

(Fonds de l'abbaye de Beaupré, H. 330.)

N° 14. — 1154-1159. Donation par Mathilde, abbesse

1. Chef-lieu de canton (Vosges) ; abbaye de Bénédictins fondée vers le milieu du VIIe siècle.

2. Ancienne métairie près du village de Remoncourt, canton de Blâmont (Meurthe).

3. Commune de l'ancien canton de Vic (Meurthe), restée française, où il y avait un prieuré de Bénédictins fondé au XIIe siècle.

4. Hameau, commune de Mont, canton de Gerbéviller (Meurthe).

5. Village détruit, commune de Landécourt, canton de Bayon (Meurthe).

6. Ferme, commune de Moriviller, canton de Gerbéviller.

d'Andlau[1], et son chapitre, à l'abbaye de Haute-Seille, d'un droit d'usage sur le ban de Thann[2].

Inscription dans le haut.

Formule finale : « Hujus autem conventionis, utro-
» rumque consensu sub cyrographis sic adstipulate, si-
» gillisque confirmate, testes... »

(Fonds de l'abbaye de Haute-Seille, H. 612.)

N° 15. — 1154-1166. Charte par laquelle Albéron, abbé de Saint-Remy[3] de Lunéville, déclare que son monastère a affranchi les religieux de Beaupré de la dîme pour leurs granges de Gresson[4] et des Gimées[5].

Inscription au bas de la pièce.

Formule finale : « Ut autem hoc pactum nostre com-
» positionis ab omnibus successoribus nostris illesum
» imperpetuum custodiretur, sigillo matricis ecclesie
» nostre, videlicet Bellicampi[6], hoc ipsum confirma-
» vimus. »

(Fonds de l'abbaye de Haute-Seille, H. 545.)

N° 16. — Vers 1160. Accord entre les religieuses de Bouxières[7] et les moines de Mureau touchant des héritages, sis à Bauzemont[8].

1. Ancien canton de Barr (Bas-Rhin).

2. Ancien chef-lieu de canton (Haut-Rhin).

3. Abbaye de Chanoines réguliers fondée sur la fin du xe siècle.

4. Ancienne métairie, près de Lagarde, canton de Vic.

5. Ancienne métairie, près de Frémonville, canton de Blâmont.

6. Belchamp, hameau, commune de Méhoncourt, canton de Bayon (Meurthe) ; abbaye de Chanoines réguliers fondée au xiie siècle.

7. Bouxières-aux-Dames, canton de Nancy-Est ; abbaye de Bénédictines fondée au xe siècle, sécularisée au xve.

8. Canton de Lunéville-Nord.

Inscription au bas de la pièce : CIROGRAPHVM.

.Formule concernant le cyrographe au commencement de la pièce : « In nomine Patris et Flii et Spiritus Sancti.
» Quum juxta dies et tempora et generationes advenien-
» tes et pretereuntes transacta novis supervenientibus
» aut aliter nonnumquam quam se habuerunt estimantur,
» aut per oblivionem penitus a memoria tolluntur, ego
» Gertrudis, abbatissa Sancte Marie de Bosseriis, et so-
» rores capituli nostri necessarium duximus conventio-
» nem quam cum Wilelmo, abbate de Mirvalt, et fratribus
» ejus, de terra et prato, in territorio Basimontis, ad
» ecclesiam nostram pertinente, fecimus presentis ciro-
» graphi inscriptione firmare et posterorum memorie
» commendare[1] ».

(Fonds de l'abbaye de Bouxières.)

N° 17. — 1165. Charte de Thierry, évêque de Metz, portant confirmation de plusieurs donations faites à l'abbaye de Haute-Seille.

Inscription en haut de la pièce : CIROGRAPHVM.

Formule finale : « Ad horum omnium confirmationem
» servata auctoritate et integritate prioris cyrographi,
» aliud cyrographum fieri decrevimus[2], cujus medietas
» apud Altam Silvam, altera apud Bellum Pratum con-
» servetur, ut si quando de his commota fuerit calump-
» nia, in utriusque partibus cyrographi possit rerum
» certitudo cognosci et iterum reponantur ubi fuerint
» prius in testimonium illis. »

(Fonds de l'abbaye de Haute-Seile, II. 525.)

1. Parmi les témoins figure « frater Fredericus, provisor infirmorum Nancei ».

2. Cette particularité n'est mentionnée dans aucune des autres chartes.

N° 18. — 1150-1180. Charte de Gertrude, abbesse de Bouxières, touchant l'église de Blanzey[1].

Inscription sur le côté de la pièce : CIROGRAPHVM.

Pas de formule finale.

(Fonds des Prémontrés de Pont-à-Mousson, H. 1066.)

—

N° 19. — 1170-1191. Charte par laquelle G. (Gérard), abbé de Senones, abandonne à l'abbaye de Salival la moitié de la dime qui lui appartenait à « Bacineval[2] ».

Inscription en haut de la pièce.

Formule finale : « Ut autem hec compositio nostra » diutius maneat inconcussa, communi assensu scripto » providimus roborare chirographico. »

(Fonds de l'abbaye de Salival, II. 1221.)

—

N° 20. — 1178. Confirmation par Simon II, duc de Lorraine, de donations faites à l'abbaye de Beaupré par Ulrich de Tilleux, sous certaines conditions.

Inscription sur le côté.

Formule finale : « Et ut ista conventio rata teneatur, » factum cyrographum sigilli mei impressione confirmo, » cujus medietas in Alteria[3], altera in Belloprato conser— » vabitur in testimonium. »

(Fonds de l'abbaye de Beaupré, II. 327)

—

1. Hameau, commune de Bouxières-aux-Chênes, canton de Nancy-Est; prieuré dépendant de l'abbaye de Sainte-Marie-au-Bois, fondé au xii⁹ siècle.

2. Mesnival, ferme, commune de Fonteny, ancien canton de Delme (Meurthe).

3. Autrey, canton de Rambervillers (Vosges); abbaye de Cha-noines réguliers fondée vers le milieu du xiie siècle.

N° 21. — 1179. Charte par laquelle Anselme, abbé d'Autrey, fait savoir que Baudouin de Deneuvre[1], voué de Vacqueville[2], a donné à l'église de Haute–Seille le libre et perpétuel usage de tout le même ban, savoir la pâture pour toutes sortes d'animaux, réservé la glandée et la faine.

Inscription en haut de la pièce.

Formule finale : « Et confirmatum cyrographo, cujus » medietas cum nostro sigillo apud Altamsilvam, altera » cum sigillo abbatis Altesilve apud Alteriacum[3] reser- » vatur, fidelium nichilominus testium subscriptione » munita. »

(Fonds de l'abbaye de Haute-Seille, H. 577.)

N° 22. — 1186. Confirmation par Simon, seigneur de Parroy[4], de l'acquisition faite par l'abbé de Haute–Seille de quelques prés au ban d'Azerailles[5].

Souche dans le haut de la pièce.

Formule finale : « Cyrographi vero rei geste hujus.... » pars..... sigillo abbatis Altesilve signata, apud Bellum- » pratum conservanda est, apud Altamsilvam altera con- » servata nichilominus sigillo abbatis Belliprati profe- » rende si quando necesse fuerit et conferende sibi in » testimonium veritatis. »

(Fonds de l'abbaye de Haute-Seille, H. 553.)

1. Canton de Baccarat (Meurthe).

2. Ibid.

3. Autrey, désigné plus haut sous la forme *Alteria*.

4. Canton de Lunéville-Sud.

5. Canton de Baccarat.

No 23. — 1198. Pierre, abbé de Gorze[1], fait savo'r que Simon, prieur de Varangéville[2], a, de son consentement, engagé aux religieux de Clairlieu[3] quatre arpents de terre près de la grange du Nouveau-Lieu[4] et la forêt de Richardménil, près de Bédon[5].

Inscription dans le haut de la pièce.

Formule finale : « Ut hujus conventionis tenor perma-
» neat certior et stabilior, decrevimus ego et abbas Clari
» loci, ut factum inde cyrographum, utriusque sigilli
» impressione firmetur, ita scilicet ut pars illa que apud
» Warengevile custodietur, sigillo abbatis Clari loci,
» altera vero que in Claro loco conservabitur, nostro
» nichilominus sigillo permuniatur in testimonium. »

(Fonds de l'abbaye de Clairlieu, II. 447.)

—

No 24. — 1205. Charte du même abbé portant que lui et son chapitre ont donné en aumône perpétuelle aux religieux de Clairlieu ce qu'ils avaient dans le territoire de Bléhors[6].

Inscription dans le haut de la pièce.

Formule finale presque entièrement semblable à celle de la charte précédente.

(Fonds de l'abbaye de Clairlieu, H. 451.)

—

1. Ancien chef-lieu de canton (Moselle) ; abbaye de Bénédictins fondée vers le milieu du viiie siècle.

2. Canton de Saint-Nicolas (Meurthe) ; prieuré dépendant de l'abbaye de Gorze, fondé dans la seconde moitié du viiie siècle.

3. Ferme, commune de Villers-lès-Nancy ; abbaye de l'ordre de Cîteaux, fondée au xiie siècle.

4. Ferme, commune de Rosières-aux-Salines, canton de Saint-Nicolas.

5. Ferme, commune de Lupcourt, canton de Saint-Nicolas.

6. La Grande et la Petite-Bléhors, fermes, commune de Damelevières, canton de Bayon.

Nº 25. — 1186-1208[1]. Charte de Richard, prévôt de la collégiale Saint-Laurent de Dieulouard[2], par laquelle, voulant fortifier l'accord qui a été fait dans le temps entre son église et les religieux de Haute-Seille, il donne à ces derniers les deux parties de l'alleu d'Ormange[3].

Inscription dans le haut de la pièce.

Pas de formule relative au cyrographe.

(Fonds de l'abbaye de Haute-Seille, H. 587.)

Nº 26. — 1218. Accord entre les religieux de Salival et les Templiers de Vic au sujet d'un cens dû par ces religieux sur divers héritages au ban de cette ville.

Inscription dans le haut de la pièce.

Pas de formule relative au cyrographe. — C'est une des chartes-parties dont je donne le fac-simile.

(Fonds de l'abbaye de Salival, H. 1227.)

Nº 27. — J'ai trouvé dans le fonds des Jésuites de Pont-à-Mousson, quoique lui étant complètement étrangère, une pièce que je mentionne en terminant : c'est une charte, probablement de l'an 1158, par laquelle Hugues de Mont-Félix[4] et Alahide, sa femme, déclarent

1. Du temps d'Albert, évêque de Verdun.

2. Canton de Pont-à-Mousson (Meurthe); collégiale fondée au xi* siècle.

3. Ferme, commune de Gelucourt, ancien canton de Dieuze (Meurthe).

4. Mont-Félix ou Montfélix, village aujourd'hui détruit, était situé sur le finage de Chavost, canton d'Avize, arrondissement d'Epernay (Marne). Il est fait mention, en plusieurs endroits, de la seigneurie de Mont-Félix dans l'*Histoire des comtes de Champagne*, par mon savant collègue M. H. d'Arbois de Jubainville. Il en reste une église du xiiie siècle et des mottes de château. (Note communiquée par M. Alph. Vétault, archiviste de la Marne.)

que plusieurs de leurs serviteurs s'étant emparés d'une
certaine place dans le village de « Wasnau[1] », sur laquelle ils auraient fait construire un château, ils la resti-
tuent à l'église de ce lieu.

Inscription, dans le haut de la pièce : CY RO GRA
PHVM.

Pas de formule relative au cyrographe.

—

Sur les vingt-sept chartes que je viens de citer, qua-
torze ont la souche dans le haut[2], onze sur le côté, et
deux seulement au bas ; ce qui indique quel était le mode
le plus généralement en usage dans notre pays.

Toutes les inscriptions sont tracées horizontalement ;
il n'y en a que deux (les n°ˢ 6 et 8) en encre de couleur ;
enfin, les lettres sont généralement très-simples, sans
aucune espèce d'ornements.

Il y aurait, en terminant, une question intéressante à
discuter, savoir quand les chartes-parties ont cessé d'être
en usage en Lorraine. M. de Wailly en a vu du XIVᵉ
siècle, puisqu'il dit que ce fut surtout à cette époque
qu'on se servit de lettres de l'alphabet pour former la
souche. Je n'en ai point rencontré de ce temps ; les fonds
des abbayes dont j'ai été appelé à inventorier les titres
n'en renferment pas de postérieure à l'année 1218.

Henri LEPAGE.

1. Vanault-les-Dames, canton d'Heiltz-Maurupt, arrondissement de
Vitry (Marne). Il y avait un prieuré dont le patronage appartenait à
l'abbaye de Gorze. (*Pouillés de Metz.*)

2. Il y en a six où, comme au n° 12, dont je donne le fac-simile,
les lettres se trouvent renversées. Inutile de dire que la contre-partie
offrait une disposition toute différente.

Nancy, imprimerie de G. CRÉPIN-LEBLOND, Grande-Rue, 14.